www.taichicard.net

ISBN 978-1470160173

Printed in the United States.

For all who learn to write and draw

Let's face it! There is no easy way around. To write the Chinese language requires nothing, nothing but drill. It's the same with writing any other language in the world. What's different in the process is, I believe, paying attention to its particulars. As a lifelong learner and a developer of this app/workbook, I think there are three particulars worth noting in learning to write here. One, Chinese is a silent language. Two, Chinese has a highly sophisticated alphabetical system. And three, Chinese is an art form.

First, Chinese is a silent language because it doesn't have a definite spoken language. It is a writing language that depicts, or accommodates, hundreds, if not thousands, of dialects in the world. Some of these dialects could at some point in time make their own phonetic symbols and become a separate language but the written Chinese remains, such as ancient Japanese and Korean. For common day-to-day usage, Mandarin is the global dialect to the Chinese language. More than four-fifths of the Chinese-speaking folk use this one dialect to communicate while their mother tongue is also used. I grew up on the island of Taiwan in the 70s and 80s where there coexisted many people from different parts of China due to a civil war. Everyone I knew spoke their own dialect while reading the same newspaper everyday. Our family, having come from the southern Fujian province approximately 400 years ago, speaks Southern Fujianese, which in its own development is also called Taiwanese now. When you take a train in Taiwan, you hear, besides English, announcement of arrivals and departures in three major dialects on the island: Mandarin, Taiwanese, and Hakkanese. So is the case when watching the news. Different dialects are spoken to the same words on TV in different channels at the same time. The frequently asked question, "Do you speak Chinese?", is not really a question. The question is in what dialect one speaks.

Second, of a handful of languages I have come to know, Chinese has a highly sophisticated alphabetical system, in its formation and in time. In form, Chinese, like English, consists of letters. But, unlike English, Chinese also consists of letter words. Both letters and letter words are called 部首 (bushou). Bushou's are listed in Chinese dictionaries for looking up and learning new words. With two exceptions, the Chinese Alphabet app includes all the letters in the letter words, which, with their related root words, will be called "alphabet words" throughout this introduction.

Chinese, as alphabet words will show, does not only write from left to right, like the majority of alphabet. They also write from top to bottom and from without to close in. For words with more than 9 strokes, it is not uncommon to write in two directions, if not three. For example, the alphabet word, 段 [duan], writes from left to right and then from top to bottom. And the word, 高 [gao], writes from top to bottom and then from without to close in. With a system so complicated, the majority of Chinese characters remain unchanged throughout its long history. That means what was written two thousand years ago in the Han dynasty can be readable today.

Third, Chinese is an art form. I can go so far as to say the entire Chinese Alphabet app is a tool kit of visual art. And learning to write Chinese means learning to draw, too. For millennia, Chinese characters have exhausted the design of a simple line in a pure square. Lines, long and short, move in eight directions. They are commonly called strokes. The orders and the directions of the strokes are highly important. Stroke orders are important for harmonious movement and stylish calligraphy. Stroke directions are important for aesthetics and their definition. While stroke directions may change a word's shape a bit, they change its meaning a whole lot. For example, take two alphabet words: 干 [gan] and 千 [qian], both share the same stroke orders. But because their first stroke moves in different directions, their meaning becomes entirely different. 干 is pole and 千 means thousand.

It is vital to pay attention to stroke orders and stroke directions, not to the fonts nor to the different stages of development in the making of Chinese. Don't get me wrong. Fonts are also important, but they have nothing to do with writing Chinese. Paying attention to strokes gives you the best of both drawing and writing. Here's an example that I show in the app on how Chinese words carry out and exhaust their line design: 田 [tian], 由 [you], 甲 [jia] and 申 [shen]. They have a identical shape, which often means they share similar stroke orders and stroke directions. And yet all of them have separate usages. Without going into details in their meaning, here are only some examples of their separate use in writing: 田 for 畋 [tian] and 胃 [wei]; 由 for 宙 [zhou] and 曲 [qu]; 甲 for 狎 [xia] and 钾 [jia], and 申 for 伸 [shen] and 电 [dian].

These are the particulars of the Chinese language. They are also the principles I used to design and develop the **Chinese Alphabet** app/workbook. It consists of 213 Chinese letters and alphabet words in animation, detailing all the stroke orders and stroke directions. These letters and words range from simply one stroke up to 15 strokes. When each letter comes up in the first time, it is shown in one separate color. Alphabet words are arranged in an order to accommodate a user new to this language to observe the intricate design from one word to the next.

The font used here is Fangsong for its stroke style. Fangsong is somewhere between Ming and Kai. Ming is skinny and pointy at corners and turns. It hardly shows brush strokes, under which these characters were made. Kai, on the other hand, shows brush strokes too thick to be copied/written with precision in pen. The app is in Simplified Chinese, with Hanyu Pinyin to denote Mandarin and English for definition. It runs on devices of Android 2.3 and above, and it works for the web browser Chrome as well. It is available at Android Market and Amazon Appstore, and on desktops and notebooks at Chrome Web Store.

To conclude, the **Chinese Alphabet Workbook** is an important companion workbook for **Chinese Alphabet** app users. The workbook guarantees to help the user tremendously to trace and to write after learning the app. And like "Chinese Characters in Flash 1 & 2" (two predecessors of the app), this workbook has two App Companion Workbooks from the early stage of development. They are still available since they offer more than three times as many words for app users to learn besides alphabet words. They are good for students who seek to increase their vocabulary.

Learning to write and speak and make sense of a foreign language all at the same time is difficult but, in my opinion, possible. For writing, the Chinese Alphabet app and this workbook shall come to your aid immediately. Although we seem to be mixing both the visual art and the literary art together in learning a language, such visual art is an integral part of the literary art. Learning Chinese is no easy task and it needs lots of patience and drill. But learning a new language reaps a lot of benefits too. Take me, for example: I'm an English major and yet I develop mobile and web applications. Is Chinese my native language? Yes, it is. I write in Chinese and I speak Taiwanese and Mandarin.

I'm sold to it. And this work is my proof.

乙	乙	乙	乙	乙	乙	乙	乙	乙
yǐ	乙	乙	乙	乙	乙	乙	乙	乙
之	之	之	之	之	之	之	之	之
zhī	之	之	之	之	之	之	之	之
丁	丁	丁	丁	丁	丁	丁	丁	丁
dīng	丁	丁	丁	丁	丁	丁	丁	丁

于	于	于	于	于	于	于	于	于
yú	于	于	于	于	于	于	于	于
子	子	子	子	子	子	子	子	子
zǐ	子	子	子	子	子	子	子	子
予	予	予	予	予	予	予	予	予
yǔ	予	予	予	予	予	予	予	予

矛	矛	矛	矛	矛	矛	矛	矛	矛
máo	矛	矛	矛	矛	矛	矛	矛	矛
入	入	入	入	入	入	入	入	入
rù	入	入	入	入	入	入	入	入
人	人	人	人	人	人	人	人	人
rén	人	人	人	人	人	人	人	人

今	今	今	今	今	今	今	今	今
jīn	今	今	今	今	今	今	今	今
仁	仁	仁	仁	仁	仁	仁	仁	仁
rén	仁	仁	仁	仁	仁	仁	仁	仁
乍	乍	乍	乍	乍	乍	乍	乍	乍
zhà	乍	乍	乍	乍	乍	乍	乍	乍

以	以	以	以	以	以	以	以	以
yǐ	以	以	以	以	以	以	以	以
八	八	八	八	八	八	八	八	八
bā	八	八	八	八	八	八	八	八
儿	儿	儿	儿	儿	儿	儿	儿	儿
ér	儿	儿	儿	儿	儿	儿	儿	儿

几	几	几	几	几	几	几	几	几
jǐ	几	几	几	几	几	几	几	几
风	风	风	风	风	风	风	风	风
fēng	风	风	风	风	风	风	风	风
又	又	又	又	又	又	又	又	又
yòu	又	又	又	又	又	又	又	又

及	及	及	及	及	及	及	及	及
jí	及	及	及	及	及	及	及	及
卜	卜	卜	卜	卜	卜	卜	卜	卜
bo	卜	卜	卜	卜	卜	卜	卜	卜
十	十	十	十	十	十	十	十	十
shí	十	十	十	十	十	十	十	十

火	火	火	火	火	火	火	火	火
huǒ	火	火	火	火	火	火	火	火
央	央	央	央	央	央	央	央	央
yāng	央	央	央	央	央	央	央	央
大	大	大	大	大	大	大	大	大
dà	大	大	大	大	大	大	大	大

犬	犬	犬	犬	犬	犬	犬	犬	犬
quǎn	犬	犬	犬	犬	犬	犬	犬	犬
天	天	天	天	天	天	天	天	天
tiān	天	天	天	天	天	天	天	天
夭	夭	夭	夭	夭	夭	夭	夭	夭
yǎo	夭	夭	夭	夭	夭	夭	夭	夭

矢	矢	矢	矢	矢	矢	矢	矢	矢
shǐ	矢	矢	矢	矢	矢	矢	矢	矢
买	买	买	买	买	买	买	买	买
mǎi	买	买	买	买	买	买	买	买
土	土	土	土	土	土	土	土	土
tǔ	土	土	土	土	土	土	土	土

士	士	士	士	士	士	士	士	士
shì	士	士	士	士	士	士	士	士
王	王	王	王	王	王	王	王	王
wáng	王	王	王	王	王	王	王	王
玉	玉	玉	玉	玉	玉	玉	玉	玉
yù	玉	玉	玉	玉	玉	玉	玉	玉

牛	牛	牛	牛	牛	牛	牛	牛	牛
niú	牛	牛	牛	牛	牛	牛	牛	牛
生	生	生	生	生	生	生	生	生
shēng	生	生	生	生	生	生	生	生
厶	厶	厶	厶	厶	厶	厶	厶	厶
sī	厶	厶	厶	厶	厶	厶	厶	厶

幺	幺	幺	幺	幺	幺	幺	幺	幺
yāo	幺	幺	幺	幺	幺	幺	幺	幺
去	去	去	去	去	去	去	去	去
qù	去	去	去	去	去	去	去	去
却	却	却	却	却	却	却	却	却
què	却	却	却	却	却	却	却	却

口	口	口	口	口	口	口	口	口
kǒu	口	口	口	口	口	口	口	口
各	各	各	各	各	各	各	各	各
gè	各	各	各	各	各	各	各	各
可	可	可	可	可	可	可	可	可
kě	可	可	可	可	可	可	可	可

阿	阿	阿	阿	阿	阿	阿	阿	阿
ā	阿	阿	阿	阿	阿	阿	阿	阿
工	工	工	工	工	工	工	工	工
gōng	工	工	工	工	工	工	工	工
广	广	广	广	广	广	广	广	广
guǎng	广	广	广	广	广	广	广	广

飞	飞	飞	飞	飞	飞	飞	飞	飞
fēi	飞	飞	飞	飞	飞	飞	飞	飞
气	气	气	气	气	气	气	气	气
qì	气	气	气	气	气	气	气	气
文	文	文	文	文	文	文	文	文
wén	文	文	文	文	文	文	文	文

方	方	方	方	方	方	方	方	方
fāng	方	方	方	方	方	方	方	方
刀	刀	刀	刀	刀	刀	刀	刀	刀
dāo	刀	刀	刀	刀	刀	刀	刀	刀
力	力	力	力	力	力	力	力	力
lì	力	力	力	力	力	力	力	力

勿	勿	勿	勿	勿	勿	勿	勿	勿
wù	勿	勿	勿	勿	勿	勿	勿	勿
欠	欠	欠	欠	欠	欠	欠	欠	欠
qiàn	欠	欠	欠	欠	欠	欠	欠	欠
小	小	小	小	小	小	小	小	小
xiǎo	小	小	小	小	小	小	小	小

尔	尔	尔	尔	尔	尔	尔	尔	尔
ěr	尔	尔	尔	尔	尔	尔	尔	尔
光	光	光	光	光	光	光	光	光
guāng	光	光	光	光	光	光	光	光
外	外	外	外	外	外	外	外	外
wài	外	外	外	外	外	外	外	外

歹	歹	歹	歹	歹	歹	歹	歹	歹
dǎi	歹	歹	歹	歹	歹	歹	歹	歹
列	列	列	列	列	列	列	列	列
liè	列	列	列	列	列	列	列	列
匕	匕	匕	匕	匕	匕	匕	匕	匕
bǐ	匕	匕	匕	匕	匕	匕	匕	匕

比	比	比	比	比	比	比	比	比
bǐ	比	比	比	比	比	比	比	比
老	老	老	老	老	老	老	老	老
lǎo	老	老	老	老	老	老	老	老
症	症	症	症	症	症	症	症	症
zhèng	症	症	症	症	症	症	症	症

也	也	也	也	也	也	也	也	也
yě	也	也	也	也	也	也	也	也
心	心	心	心	心	心	心	心	心
xīn	心	心	心	心	心	心	心	心
川	川	川	川	川	川	川	川	川
chuān	川	川	川	川	川	川	川	川

山	山	山	山	山	山	山	山	山
shān	山	山	山	山	山	山	山	山
巾	巾	巾	巾	巾	巾	巾	巾	巾
jīn	巾	巾	巾	巾	巾	巾	巾	巾
币	币	币	币	币	币	币	币	币
bì	币	币	币	币	币	币	币	币

亡	亡	亡	亡	亡	亡	亡	亡	亡
wáng	亡	亡	亡	亡	亡	亡	亡	亡
急	急	急	急	急	急	急	急	急
jí	急	急	急	急	急	急	急	急
才	才	才	才	才	才	才	才	才
cái	才	才	才	才	才	才	才	才

木	木	木	木	木	木	木	木	木
mù	木	木	木	木	木	木	木	木
水	水	水	水	水	水	水	水	水
shŭi	水	水	水	水	水	水	水	水
永	永	永	永	永	永	永	永	永
yŏng	永	永	永	永	永	永	永	永

友	友	友	友	友	友	友	友	友
yǒu	友	友	友	友	友	友	友	友
发	发	发	发	发	发	发	发	发
fā	发	发	发	发	发	发	发	发
尸	尸	尸	尸	尸	尸	尸	尸	尸
shī	尸	尸	尸	尸	尸	尸	尸	尸

尺	尺	尺	尺	尺	尺	尺	尺	尺
chǐ	尺	尺	尺	尺	尺	尺	尺	尺
户	户	户	户	户	户	户	户	户
hù	户	户	户	户	户	户	户	户
己	己	己	己	己	己	己	己	己
jǐ	己	己	己	己	己	己	己	己

已	已	已	已	已	已	已	已	已
yǐ	已	已	已	已	已	已	已	已
巳	巳	巳	巳	巳	巳	巳	巳	巳
sì	巳	巳	巳	巳	巳	巳	巳	巳
包	包	包	包	包	包	包	包	包
bāo	包	包	包	包	包	包	包	包

巴	巴	巴	巴	巴	巴	巴	巴	巴
bā	巴	巴	巴	巴	巴	巴	巴	巴
日	日	日	日	日	日	日	日	日
rì	日	日	日	日	日	日	日	日
白	白	白	白	白	白	白	白	白
bái	白	白	白	白	白	白	白	白

五	五	五	五	五	五	五	五	五
wǔ	五	五	五	五	五	五	五	五
互	互	互	互	互	互	互	互	互
hù	互	互	互	互	互	互	互	互
女	女	女	女	女	女	女	女	女
nv3	女	女	女	女	女	女	女	女

月	月	月	月	月	月	月	月	月
yuè	月	月	月	月	月	月	月	月
目	目	目	目	目	目	目	目	目
mù	目	目	目	目	目	目	目	目
自	自	自	自	自	自	自	自	自
zì	自	自	自	自	自	自	自	自

皿	皿	皿	皿	皿	皿	皿	皿	皿
mǐn	皿	皿	皿	皿	皿	皿	皿	皿
血	血	血	血	血	血	血	血	血
xiě	血	血	血	血	血	血	血	血
田	田	田	田	田	田	田	田	田
tián	田	田	田	田	田	田	田	田

由	由	由	由	由	由	由	由	由
yóu	由	由	由	由	由	由	由	由
甲	甲	甲	甲	甲	甲	甲	甲	甲
jiă	甲	甲	甲	甲	甲	甲	甲	甲
申	申	申	申	申	申	申	申	申
shēn	申	申	申	申	申	申	申	申

丰	丰	丰	丰	丰	丰	丰	丰	丰
fēng	丰	丰	丰	丰	丰	丰	丰	丰
手	手	手	手	手	手	手	手	手
shǒu	手	手	手	手	手	手	手	手
乎	乎	乎	乎	乎	乎	乎	乎	乎
hū	乎	乎	乎	乎	乎	乎	乎	乎

毛	毛	毛	毛	毛	毛	毛	毛	毛
máo	毛	毛	毛	毛	毛	毛	毛	毛
段	段	段	段	段	段	段	段	段
duàn	段	段	段	段	段	段	段	段
没	没	没	没	没	没	没	没	没
méi	没	没	没	没	没	没	没	没

母	母	母	母	母	母	母	母	母
mǔ	母	母	母	母	母	母	母	母
每	每	每	每	每	每	每	每	每
měi	每	每	每	每	每	每	每	每
爪	爪	爪	爪	爪	爪	爪	爪	爪
zhuǎ	爪	爪	爪	爪	爪	爪	爪	爪

瓜	瓜	瓜	瓜	瓜	瓜	瓜	瓜	瓜
guā	瓜	瓜	瓜	瓜	瓜	瓜	瓜	瓜
斤	斤	斤	斤	斤	斤	斤	斤	斤
jīn	斤	斤	斤	斤	斤	斤	斤	斤
丘	丘	丘	丘	丘	丘	丘	丘	丘
qiū	丘	丘	丘	丘	丘	丘	丘	丘

左	左	左	左	左	左	左	左	左
zuǒ	左	左	左	左	左	左	左	左
悄	悄	悄	悄	悄	悄	悄	悄	悄
qiāo	悄	悄	悄	悄	悄	悄	悄	悄
扎	扎	扎	扎	扎	扎	扎	扎	扎
zhá	扎	扎	扎	扎	扎	扎	扎	扎

戈	戈	戈	戈	戈	戈	戈	戈	戈
gē	戈	戈	戈	戈	戈	戈	戈	戈
卯	卯	卯	卯	卯	卯	卯	卯	卯
mǎo	卯	卯	卯	卯	卯	卯	卯	卯
印	印	印	印	印	印	印	印	印
yìn	印	印	印	印	印	印	印	印

丙	丙	丙	丙	丙	丙	丙	丙	丙
bĭng	丙	丙	丙	丙	丙	丙	丙	丙
石	石	石	石	石	石	石	石	石
shí	石	石	石	石	石	石	石	石
弓	弓	弓	弓	弓	弓	弓	弓	弓
gōng	弓	弓	弓	弓	弓	弓	弓	弓

弗	弗	弗	弗	弗	弗	弗	弗	弗
fú	弗	弗	弗	弗	弗	弗	弗	弗
书	书	书	书	书	书	书	书	书
shū	书	书	书	书	书	书	书	书
与	与	与	与	与	与	与	与	与
yǔ	与	与	与	与	与	与	与	与

井	井	井	井	井	井	井	井	井
jĭng	井	井	井	井	井	井	井	井
共	共	共	共	共	共	共	共	共
gòng	共	共	共	共	共	共	共	共
用	用	用	用	用	用	用	用	用
yòng	用	用	用	用	用	用	用	用

曲	曲	曲	曲	曲	曲	曲	曲	曲
qǔ	曲	曲	曲	曲	曲	曲	曲	曲
并	并	并	并	并	并	并	并	并
bìng	并	并	并	并	并	并	并	并
兰	兰	兰	兰	兰	兰	兰	兰	兰
lán	兰	兰	兰	兰	兰	兰	兰	兰

羊	羊	羊	羊	羊	羊	羊	羊	羊
yáng	羊	羊	羊	羊	羊	羊	羊	羊
美	美	美	美	美	美	美	美	美
měi	美	美	美	美	美	美	美	美
半	半	半	半	半	半	半	半	半
bàn	半	半	半	半	半	半	半	半

米	米	米	米	米	米	米	米	米
mǐ	米	米	米	米	米	米	米	米
奉	奉	奉	奉	奉	奉	奉	奉	奉
fèng	奉	奉	奉	奉	奉	奉	奉	奉
示	示	示	示	示	示	示	示	示
shì	示	示	示	示	示	示	示	示

非	非	非	非	非	非	非	非	非
fēi	非	非	非	非	非	非	非	非
兆	兆	兆	兆	兆	兆	兆	兆	兆
zhào	兆	兆	兆	兆	兆	兆	兆	兆
卡	卡	卡	卡	卡	卡	卡	卡	卡
kǎ	卡	卡	卡	卡	卡	卡	卡	卡

片	片	片	片	片	片	片	片	片
piàn	片	片	片	片	片	片	片	片
而	而	而	而	而	而	而	而	而
ér	而	而	而	而	而	而	而	而
西	西	西	西	西	西	西	西	西
xī	西	西	西	西	西	西	西	西

栗	栗	栗	栗	栗	栗	栗	栗	栗
lì	栗	栗	栗	栗	栗	栗	栗	栗
罗	罗	罗	罗	罗	罗	罗	罗	罗
luó	罗	罗	罗	罗	罗	罗	罗	罗
穴	穴	穴	穴	穴	穴	穴	穴	穴
xuè	穴	穴	穴	穴	穴	穴	穴	穴

宛	宛	宛	宛	宛	宛	宛	宛	宛
wǎn	宛	宛	宛	宛	宛	宛	宛	宛
癸	癸	癸	癸	癸	癸	癸	癸	癸
guǐ	癸	癸	癸	癸	癸	癸	癸	癸
祭	祭	祭	祭	祭	祭	祭	祭	祭
jì	祭	祭	祭	祭	祭	祭	祭	祭

狗	狗	狗	狗	狗	狗	狗	狗	狗
gŏu	狗	狗	狗	狗	狗	狗	狗	狗
门	门	门	门	门	门	门	门	门
mén	门	门	门	门	门	门	门	门
过	过	过	过	过	过	过	过	过
guò	过	过	过	过	过	过	过	过

芝	芝	芝	芝	芝	芝	芝	芝	芝
zhī	芝	芝	芝	芝	芝	芝	芝	芝
聿	聿	聿	聿	聿	聿	聿	聿	聿
yù	聿	聿	聿	聿	聿	聿	聿	聿
复	复	复	复	复	复	复	复	复
fù	复	复	复	复	复	复	复	复

龟	龟	龟	龟	龟	龟	龟	龟	龟
guī	龟	龟	龟	龟	龟	龟	龟	龟
练	练	练	练	练	练	练	练	练
liàn	练	练	练	练	练	练	练	练
耳	耳	耳	耳	耳	耳	耳	耳	耳
ěr	耳	耳	耳	耳	耳	耳	耳	耳

贝	贝	贝	贝	贝	贝	贝	贝	贝
bèi	贝	贝	贝	贝	贝	贝	贝	贝
页	页	页	页	页	页	页	页	页
yè	页	页	页	页	页	页	页	页
见	见	见	见	见	见	见	见	见
jiàn	见	见	见	见	见	见	见	见

车	车	车	车	车	车	车	车	车
chē	车	车	车	车	车	车	车	车
马	马	马	马	马	马	马	马	马
mǎ	马	马	马	马	马	马	马	马
鸟	鸟	鸟	鸟	鸟	鸟	鸟	鸟	鸟
miǎo	鸟	鸟	鸟	鸟	鸟	鸟	鸟	鸟

羽	羽	羽	羽	羽	羽	羽	羽	羽
yǔ	羽	羽	羽	羽	羽	羽	羽	羽
雨	雨	雨	雨	雨	雨	雨	雨	雨
yǔ	雨	雨	雨	雨	雨	雨	雨	雨
鼠	鼠	鼠	鼠	鼠	鼠	鼠	鼠	鼠
shǔ	鼠	鼠	鼠	鼠	鼠	鼠	鼠	鼠

齐	齐	齐	齐	齐	齐	齐	齐	齐
qí	齐	齐	齐	齐	齐	齐	齐	齐
衣	衣	衣	衣	衣	衣	衣	衣	衣
yī	衣	衣	衣	衣	衣	衣	衣	衣
衫	衫	衫	衫	衫	衫	衫	衫	衫
shān	衫	衫	衫	衫	衫	衫	衫	衫

亚	亚	亚	亚	亚	亚	亚	亚	亚
yá	亚	亚	亚	亚	亚	亚	亚	亚
虛	虛	虛	虛	虛	虛	虛	虛	虛
xū	虛	虛	虛	虛	虛	虛	虛	虛
普	普	普	普	普	普	普	普	普
pǔ	普	普	普	普	普	普	普	普

噗	噗	噗	噗	噗	噗	噗	噗	噗
pū	噗	噗	噗	噗	噗	噗	噗	噗
舌	舌	舌	舌	舌	舌	舌	舌	舌
shé	舌	舌	舌	舌	舌	舌	舌	舌
乱	乱	乱	乱	乱	乱	乱	乱	乱
luàn	乱	乱	乱	乱	乱	乱	乱	乱

竹	竹	竹	竹	竹	竹	竹	竹	竹
zhú	竹	竹	竹	竹	竹	竹	竹	竹
筑	筑	筑	筑	筑	筑	筑	筑	筑
zhú	筑	筑	筑	筑	筑	筑	筑	筑
走	走	走	走	走	走	走	走	走
zǒu	走	走	走	走	走	走	走	走

足	足	足	足	足	足	足	足	足
zú	足	足	足	足	足	足	足	足
是	是	是	是	是	是	是	是	是
shì	是	是	是	是	是	是	是	是
酉	酉	酉	酉	酉	酉	酉	酉	酉
yǒu	酉	酉	酉	酉	酉	酉	酉	酉

采	采	采	采	采	采	采	采	采
căi	采	采	采	采	采	采	采	采
豹	豹	豹	豹	豹	豹	豹	豹	豹
bào	豹	豹	豹	豹	豹	豹	豹	豹
辛	辛	辛	辛	辛	辛	辛	辛	辛
xīn	辛	辛	辛	辛	辛	辛	辛	辛

齿	齿	齿	齿	齿	齿	齿	齿	齿
chǐ	齿	齿	齿	齿	齿	齿	齿	齿
谷	谷	谷	谷	谷	谷	谷	谷	谷
gǔ	谷	谷	谷	谷	谷	谷	谷	谷
欲	欲	欲	欲	欲	欲	欲	欲	欲
yù	欲	欲	欲	欲	欲	欲	欲	欲

身	身	身	身	身	身	身	身	身
shēn	身	身	身	身	身	身	身	身
垂	垂	垂	垂	垂	垂	垂	垂	垂
chuí	垂	垂	垂	垂	垂	垂	垂	垂
朋	朋	朋	朋	朋	朋	朋	朋	朋
péng	朋	朋	朋	朋	朋	朋	朋	朋

角	角	角	角	角	角	角	角	角
jiǎo	角	角	角	角	角	角	角	角
甬	甬	甬	甬	甬	甬	甬	甬	甬
yǒng	甬	甬	甬	甬	甬	甬	甬	甬
蝇	蝇	蝇	蝇	蝇	蝇	蝇	蝇	蝇
yíng	蝇	蝇	蝇	蝇	蝇	蝇	蝇	蝇

金	金	金	金	金	金	金	金	金
jīn	金	金	金	金	金	金	金	金
琉	琉	琉	琉	琉	琉	琉	琉	琉
liú	琉	琉	琉	琉	琉	琉	琉	琉
准	准	准	准	准	准	准	准	准
zhŭn	准	准	准	准	准	准	准	准

铺	铺	铺	铺	铺	铺	铺	铺	铺
pù	铺	铺	铺	铺	铺	铺	铺	铺
鱼	鱼	鱼	鱼	鱼	鱼	鱼	鱼	鱼
yú	鱼	鱼	鱼	鱼	鱼	鱼	鱼	鱼
革	革	革	革	革	革	革	革	革
gé	革	革	革	革	革	革	革	革

食	食	食	食	食	食	食	食	食
shí	食	食	食	食	食	食	食	食
青	青	青	青	青	青	青	青	青
qīng	青	青	青	青	青	青	青	青
骨	骨	骨	骨	骨	骨	骨	骨	骨
gǔ	骨	骨	骨	骨	骨	骨	骨	骨

音	音	音	音	音	音	音	音	音
yīn	音	音	音	音	音	音	音	音
香	香	香	香	香	香	香	香	香
xiān	香	香	香	香	香	香	香	香
禺	禺	禺	禺	禺	禺	禺	禺	禺
yù	禺	禺	禺	禺	禺	禺	禺	禺

鬼	鬼	鬼	鬼	鬼	鬼	鬼	鬼	鬼
guǐ	鬼	鬼	鬼	鬼	鬼	鬼	鬼	鬼
高	高	高	高	高	高	高	高	高
gāo	高	高	高	高	高	高	高	高
鬲	鬲	鬲	鬲	鬲	鬲	鬲	鬲	鬲
lì	鬲	鬲	鬲	鬲	鬲	鬲	鬲	鬲

麻	麻	麻	麻	麻	麻	麻	麻	麻
má	麻	麻	麻	麻	麻	麻	麻	麻
鹿	鹿	鹿	鹿	鹿	鹿	鹿	鹿	鹿
lù	鹿	鹿	鹿	鹿	鹿	鹿	鹿	鹿
黑	黑	黑	黑	黑	黑	黑	黑	黑
hēi	黑	黑	黑	黑	黑	黑	黑	黑

鼓	鼓	鼓	鼓	鼓	鼓	鼓	鼓	鼓
gǔ	鼓	鼓	鼓	鼓	鼓	鼓	鼓	鼓
暴	暴	暴	暴	暴	暴	暴	暴	暴
bào	暴	暴	暴	暴	暴	暴	暴	暴
鼻	鼻	鼻	鼻	鼻	鼻	鼻	鼻	鼻
bí	鼻	鼻	鼻	鼻	鼻	鼻	鼻	鼻

乙	之	丁	于	子	予	矛	入	人
今	仁	乍	以	八	儿	几	风	又
及	卜	十	火	央	大	犬	天	夭
失	买	上	士	王	玉	牛	生	厶
幺	去	却	口	各	可	阿	工	广
飞	气	文	方	刀	力	勿	欠	小
尔	光	外	歹	列	匕	比	老	症
也	心	川	山	巾	币	亡	急	才
木	水	永	友	发	尸	尺	户	己
已	巳	包	巴	日	白	五	互	女
月	目	自	皿	血	田	由	甲	申
丰	手	乎	毛	段	没	母	每	

爪	瓜	斤	丘	左	悄	扎	戈	卯
印	丙	石	弓	弗	书	与	井	共
用	曲	并	兰	羊	美	半	米	奉
示	非	兆	卡	片	而	西	栗	罗
穴	宛	癸	祭	狗	门	过	芝	聿
复	龟	练	耳	贝	页	见	车	马
鸟	羽	雨	鼠	齐	衣	衫	亚	虚
普	噗	舌	乱	竹	筑	走	足	是
酉	采	豹	辛	齿	谷	欲	身	垂
朋	角	甬	蝇	金	琉	准	铺	鱼
革	食	青	骨	音	香	禺	鬼	高
鬲	麻	鹿	黑	骨	暴	鼻		

Made in the USA
Middletown, DE
17 January 2022

58937477R00051